Zo stuur je je medewerker aan als een vriendelijke baas

2

Vrolijk

INVOERING

Hoe stuur je mensen aan?

Het proces van het organiseren, beheren en ontwikkelen van de werknemerskant van een bedrijf staat bekend als human resource management. Het ondersteunen van het werk van een heel team, evenals het welzijn, de toewijding en de voortgang van het team maken deel uit van de verantwoordelijkheden van leiderschapsrollen.

Ervoor zorgen dat iedereen zich gehoord, begrepen en ondersteund voelt en hen de middelen biedt die ze nodig hebben om te gedijen, succes verzekeren op basis van bedrijfsstatistieken, is meer dan het creëren en toewijzen van taken, zegt Tile.

Dit is een behoorlijk moeilijk verzoek, vooral voor mensen met meerdere directe ondergeschikten. Wekelijkse een-op-een interviews, teamvergaderingen en het beoordelen van de wekelijkse rapporten van elk teamlid tellen snel op. Ook kan het als teamspeler bijzonder moeilijk voor je zijn om een evenwicht te vinden tussen je persoonlijke behoeften en die van je team. Voorbeelden van dergelijke vereisten zijn concentratietijd, organisatie en professionele ontwikkeling.

Hier zijn zeven tips voor nieuwe managers, waaronder waar u hulp kunt krijgen, hoe u een positieve houding kunt ontwikkelen en hoe u met mededogen kunt leiden.
Sommige mensen voelen zich aangetrokken tot autorijden, terwijl

anderen erin worden geboren. Het kiezen van het type manager dat u in uw nieuwe rol wilt zijn, is een van de eerste stappen, ongeacht het pad dat u wekelijks kiest.

"Als nieuwe manager wil je voorkomen dat je een mensenmens wordt. Probeer ook niet rigide te zijn", legt Piranha Tile, Senior Producer voor City Cast DC, uit. Het staat bekend als people management en omvat het aannemen, trainen en laten groeien van uw teamleden.

Gedurende hun loopbaan worden de ervaringen van werknemers sterk beïnvloed door het management. De prestaties en het behoud van werknemers worden sterk beïnvloed door de houding en praktijken van het management, vooral als het gaat om het omgaan met veranderingen.

People management en leiderschap hebben veel gemeen, en effectieve managers zijn ook effectieve leiders. Er zijn echter enkele belangrijke wijzigingen. Managers hebben de neiging meer geïnteresseerd te zijn in de dagelijkse gang van zaken, terwijl leidinggevenden een meer strategische rol spelen.

Het vinden van een competente rekruteringsmanager met de juiste kwaliteiten kan moeilijk zijn . Iedereen wil een competente, zelfverzekerde en vastberaden leider volgen.

Maar hoe behandel je deze persoon? Wat zijn de voorwaarden

om deze functie te behouden? Wat als je net begint en weinig managementervaring hebt?

Veel van mijn studenten zijn beginnende leiders of beginnen net rapporten van mensen te krijgen. Vaker wel dan niet geven deze mensen echt om hun werknemers en willen ze leren hoe ze hen beter van dienst kunnen zijn.

In het begin is de oprechtheid van de overeenkomst het belangrijkst. Van daaruit ontwikkelen we de vaardigheden en kennis om echt succesvolle, zorgzame, persoonlijke HR-managers te worden.

Het vinden van die balans kan moeilijk, contra-intuïtief en verwarrend zijn. Zelfs geweldige managers hebben ondersteuning en structuur nodig om succesvol te zijn. Hoewel managementvaardigheden meestal tijd kosten om te perfectioneren, ontwikkelen ze zich op wonderbaarlijke wijze niet vanzelf. Het ontwikkelen van uw managementvaardigheden is essentieel om potentieel op de werkplek te ontsluiten en uw team te helpen zijn doelen te bereiken. Het kan moeilijk zijn om ervoor te zorgen dat alle betrokkenen bij een project goed als een team werken en hun taken efficiënt uitvoeren. Er zijn echter verschillende best practices die u kunt gebruiken om uw managementvaardigheden te verbeteren wanneer u met anderen samenwerkt.

In dit essay beschrijven we de kwaliteiten van een goede manager en geven we stapsgewijze richtlijnen voor het leiden en leiden van uw team naar succes.

Elke manager moet het vermogen hebben om mensen te leiden. Het maakt niet uit hoe lang je al bij het bedrijf werkt of hoe nieuw je bent, het ontwikkelen van deze vaardigheid zal de betrokkenheid en productiviteit van medewerkers vergroten.

Een competente manager kan een moeilijke taak echter draaglijk maken. Slecht management kan goed werk vernietigen.

Als ik terugdenk aan mijn carrière, vallen sommige HR-topmanagers op als uitzonderlijk, en sommigen zou ik vermijden als ik ze in een interview zou ontmoeten.

Mijn collega's en ik geloven zelfs dat degenen die opvallen degenen zijn die geven om onze wensen en het succes van ons bedrijf.

Het zijn de bazen die me nooit het gevoel hebben gegeven dat ik incompetent ben. In plaats daarvan spoorden ze me aan om te proberen iets uit de ervaring te halen.

Na 15 jaar managementervaring in verschillende omgevingen en werkverantwoordelijkheden, deel ik die positieve visie nu met ervaren aspirant-leiders in afstudeerprogramma's aan de Pamplona School of Business van de University of Portland.

In dit artikel bespreken we de grondbeginselen van HR-management, de verschillende benaderingen van HR-management en wat u kunt doen om een succesvolle HR-manager te worden.

Goed leiderschap lijkt een gemakkelijke taak omdat het geen uiterst geheime methoden kent. Maar hoewel goed leiderschap vaak bestaat uit eenvoudige acties, om wat voor reden dan ook, slagen veel leiders er niet in dit te doen.

Natuurlijk zijn de volgende leiderschapstips slechts het topje van de ijsberg. Net als al het andere in het leven, vereist deze situatie echte oefening, omdat theorie alleen niet voldoende is.

- Een holistische benadering om het werk, de ontwikkeling en het welzijn van werknemers te ondersteunen, is human resource management.
- In leidinggevende functies moet u een balans vinden tussen het leveren van uw werk en het ondersteunen van anderen.
- Managers zouden directe feedback van hun werknemers moeten gebruiken om te bepalen hoe ze kunnen groeien als leider.
- Cursussen, mentoren en andere managers kunnen dienen als inspiratiebron voor managers.

1. Geef prioriteit aan het beheren van uw werklast.

Je moet voor jezelf zorgen voordat je je bezighoudt met het succes van anderen. Bescherm uw tijd en geef prioriteit aan uw planning door elke dag een bepaalde hoeveelheid tijd opzij te zetten om u te concentreren op het werk gedaan krijgen zonder afleiding. Uw team te veel betrekken is een fout die ijverige managers kunnen maken, wat leidt tot burn-out en verminderde managementeffectiviteit. U zult alerter zijn en meer gefocust op uw team wanneer ze u nodig hebben wanneer u zich op uw gemak voelt bij uw werk.

Direct people management

De supervisor instrueert medewerkers over de uit te voeren taken en hoe ze deze moeten uitvoeren. Deze leiderschapsstijl werkt het beste wanneer taken snel en efficiënt moeten worden uitgevoerd volgens een specifieke norm of vereiste, maar het kan werknemers ook overweldigen.

Het werkt ook het beste voor werknemers die nog in ontwikkeling zijn en in bedrijven of situaties waarin je mensen expliciet moet vertellen wat ze moeten doen, hoe en wanneer.

Leuk weetje: micromanaging laat een werknemer niet zien dat je om zijn werk geeft.

Micromanaging van een werknemer laat zien dat u ze niet vertrouwt om kwaliteitswerk te leveren.

Samenwerken met een medewerker om samen een probleem op te lossen is iets heel anders dan hem micromanagen terwijl hij zijn eigen problemen aanpakt.

Wees aardig.

Verlies nooit uit het oog dat de echte mensen die u dient echte problemen en echte ervaringen hebben. Voor veel bedrijfsleiders zijn werknemers slechts werkschema's om te beheren en te maximaliseren.

Of het nu uw collega's, vrienden of collega's zijn, uw team begrijpt altijd wie ze voor u zijn. Bovendien lost een uurtje werken je problemen nooit op.

Beheersvaardigheden verwerven.

Weinigen van ons hebben het natuurlijke vermogen om leiding te geven, en ik heb nog geen "leiderschapscursussen" gezien die echt nuttig waren. Gelukkig hebben we iets veel beters in boekvorm. Als leider moet u de belangen van uw organisatie verdedigen. En je zult het veel beter doen als je de geest van de ander begrijpt en bekend bent met de onderhandelingsfilosofie.

Daarom moet een leider de literatuur lezen. Naast management moeten leiders psychologie, de werking van de geest, aannemen, onderhandelen, marketing, projectmanagement en economie bestuderen.

Zoek uit wie wie is.

Leer jezelf en je teamleden kennen. Dat kan met behulp van mijn vier speelplaatsfiguren "Wat voor kind was ik op de speelplaats?" men zou kunnen vragen. een persoon die

• Zorgen dat iedereen de kans krijgt om aan te vallen? de bemiddelaar

• Een rij gemaakt, zodat ze allemaal tellen? De coördinator.

• Zijn de regels veranderd tijdens het spel? Een vernieuwer.

• Wilde je het op mijn manier doen? De hamer.

Bepaal wie er in je speeltuin is nadat je je eigen speeltuinpersoonlijkheid hebt bepaald. Negeer de waarschuwingen niet. Lichaamstaal, woordkeuze en intenties zijn duidelijk herkenbaar in menselijke interactie.

Samenwerking en communicatie zijn belangrijk voor vredestichters. Wanneer anderen ruzie maken, kunnen de ogen van een werknemer uitpuilen, wat een waarschuwingssignaal is.

De organisatoren gaan met methode en vastberadenheid te werk. Een medewerker is een organisator wanneer hij of zij bij een vergadering arriveert met kleurgecodeerde kaarten of papier.

Revolutionairen hebben een hekel aan regelmaat en geven de voorkeur aan improvisatie. Je herkent een revolutionair aan de vraag: "Waar komt dit vandaan?

Met een sterke mening en de intelligentie om moeilijke problemen aan te pakken, is hij een moloch. Ze hebben verschillende meningen en verdedigen concepten op 30.000 voet.

Neem de tijd om de specifieke kwaliteiten van uw medewerkers te ontdekken.

Elk brengt zijn eigen specifieke vaardigheden naar het team, zoals hoe het beste kan worden gereageerd op kritiek als ze vroege vogels zijn en hun vermogen om te multitasken. Maak van de gelegenheid gebruik om elk van hen te leren kennen. Hierdoor kun je ze een gezicht geven en beter begrijpen hoe ze werken.

Kelly Moon, Chief Content Officer bij Send Bird, legt uit: "Ik deel een ontdekkingswerkblad waarin we leren over elkaars communicatiestijlen en wat ons motiveert en inspireert." Omdat iedereen uniek is, "pas ik mijn leiderschapsstijl aan elk individu aan."

Door de behoeften van uw werknemers te begrijpen, kunt u hun acties, neigingen en moeilijkheden op het werk beter begrijpen. Zelfs wanneer u met teams op afstand werkt, kan deze subtiliteit u helpen prestatiedoelen effectiever te communiceren en problemen beter op te lossen.

Als het op communicatie aankomt, beveelt Moon aan "echt beschikbaar te zijn, zodat mensen niet in de war raken over wat ze kunnen verwachten." Hij raadde ook aan om teamleden de kans te geven elkaar beter te leren kennen. Het opbouwen van een sterke teamband helpt iedereen toegewijd te blijven aan het doel en veerkrachtig te blijven in het licht van verandering of onzekerheid.

Daarom is het belangrijk om het team de kans te geven om samen tijd door te brengen en elkaar te vertrouwen.

Huiswerk toewijzen

In plaats van elk onderdeel van een project te overzien, kunt u zich concentreren op managementtaken op een hoger niveau door te leren belangrijke taken aan anderen te delegeren. Zodra u de sterke en zwakke punten, ervaringen en talenten van elk teamlid beter begrijpt, kunt u taken toewijzen aan degenen die deze waarschijnlijk efficiënt en op tijd zullen voltooien. Bij het toewijzen van taken is het belangrijk om duidelijke verwachtingen voor elke medewerker te stellen en ervoor te zorgen dat ze vertrouwen hebben in hun vermogen om hun toegewezen deel van het project te voltooien . Je kunt mensen laten zien dat je vertrouwen hebt in hun capaciteiten door ze taken te geven waardoor ze zich betrokken voelen bij het succes van het project.

Opleiding in personeelsmanagement

De manager helpt medewerkers de gewenste resultaten te behalen door hen duidelijke en gedetailleerde instructies te geven. Deze managementbenadering werkt goed om mensen bepaalde gewoonten en culturele normen aan te leren, zodat de baas minder sturend en meer ondersteunend kan zijn.

Wanneer hoogopgeleide mensen een nieuwe cultuur of zakelijke situatie betreden, helpt de coachingbenadering hen om bepaalde gewoonten aan te nemen.

Herken de situatie waarin je zit

Alleen door ervaring kan iemand autoriteit verwerven. Alle managers, ongeacht hun functie, moeten een grondige kennis hebben van de kwesties waarop zij toezicht houden.

Als je bijvoorbeeld een ontwikkelteam wilt leiden, moet je een goed begrip hebben van tools, API's, tabellen, functies en de complexiteit van algoritmen. Idealiter heb je in het verleden als ontwikkelaar gewerkt. Het is begrijpelijk waarom Mark Zuckerberg en Sergey Bring zo succesvol waren met het runnen van IT-bedrijven, aangezien ze in hun eigen taal met klanten konden communiceren.

Ook al gebruikt je team veel programmeertalen en begrijp je niet alle fijne kneepjes van deze talen, toch moet je je code kunnen begrijpen en op de hoogte zijn van de belangrijkste frameworks.

U kunt de snelheid, het risico of de kosten niet nauwkeurig inschatten als u niet precies weet waar u mee te maken heeft.

Wees respectvol Respect begint bij de baas. Hallo en bedankt zijn belangrijke groeten. Wees respectvol:

Genereer ideeën met vredestichters.
Geef organisatoren werk dat deadlines heeft en belangrijk is.

Wijs dringende taken toe aan revolutionairen.
Vraag naar het uitzicht op de stoomwals.
de realiteit toegeven . Stel vragen, wees bereid om te leren en beëindig gesprekken niet te vroeg omdat niet iedereen op dezelfde manier informatie verzamelt als jij. Als je denkt dat je alle informatie hebt, bevestig dan door het opnieuw te vragen.

Bevorder mentorverenigingen

U moet proberen een mentorrelatie met uw werknemers op te bouwen als u als leider wilt verbeteren. Effectieve mentoring omvat het stellen van ontwikkelingsdoelen voor de lange termijn, het bieden van loopbaanbegeleiding en - begeleiding, en het helpen van werknemers bij het identificeren van kansen voor loopbaanontwikkeling.

Sterke besluitvormingsvaardigheden moeten worden aangetoond.

Als het gaat om geschillen of beslissingen op de werkplek, hebben managers vaak het laatste woord. Het nemen van onbevooroordeelde beslissingen, ongeacht de betrokken teamleden, zou een van uw doelen moeten zijn in uw streven om een betere manager te worden.

Bevorder teamwerk

Een succesvolle manager begrijpt dat zijn succes afhangt van teamsamenwerking. U moet meer doen dan uw team als een eenheid laten werken om als manager te verbeteren. Je moet streven naar het verbeteren van de positie van je team binnen de organisatie. Het gebruik van onbevooroordeelde technieken om de prestaties van teamleden te beoordelen en eventuele conflicten op te lossen, moet deel uitmaken van teamontwikkelingsactiviteiten.

Gebruik één-op-één-gesprekken om strategische problemen te ontwikkelen en op te lossen.
Hoewel het verleidelijk kan zijn, kan face-to-face tijd het beste worden gebruikt voor belangrijke gesprekken in plaats van een takenlijst.

"De één-op-één-bijeenkomsten geven ons de ruimte om over het grote geheel te praten, bijvoorbeeld of ons productieproces werkt of niet en hoe we het kunnen herzien," zei Tile. "Wekelijkse een-op-een-bijeenkomsten zouden hierin verzanden als we niet elke dag de kleine dingen zouden doen."

Wees zorgvuldiger in het gebruik van uw synchronisatietijd, vooral als u meer dan één directe ondergeschikte heeft, zolang u andere manieren heeft om de projectstatus te communiceren (bijvoorbeeld wekelijkse updates van Lattice en Slack, of projectbeheerplatforms zoals Jeri, Asana of Trellis).

Tijdens deze één-op-één-sessies zegt Tilde: "We identificeren de problemen die mensen hebben (vooral met betrekking tot de dreiging van burn-out), en we vinden manieren om ze in de eerste plaats te verlichten, of om te voorkomen dat ze überhaupt een probleem worden." "Het is zeer lonend om deze oplossingen tot leven te zien komen."

Zorg ervoor dat u de tijd neemt om samen de grotere patronen in uw workflow en de loopbaanambities van uw teamleden te bespreken. "Hoe kan ik ze steunen? Wat waren de successen, wat werkte en wat niet? zei Luna. Zodat ze een veilige omgeving hebben waar ze open en eerlijk kunnen zijn en we er samen uit kunnen komen.

U kunt uw wekelijkse besprekingen organiseren met behulp van ons agendaformulier voor één-op-één-vergaderingen.

controleer het gesprek

Neem het voortouw door met anderen te praten door vragen te stellen, updates te krijgen en zorgen te uiten in plaats van te wachten tot andere teamleden dat doen. Leg uit hoe teamleden geacht worden met elkaar en met u om te gaan bij het op zich nemen van hun managementverantwoordelijkheden, formeel of informeel. Identificeer belangrijke communicatielijnen, zoals e-mail- of chatservers, zodat iedereen weet wat te doen als er iets misgaat. Neem collectief en privé contact op met uw team om te zien hoe het met hen gaat en moedig een eerlijke dialoog aan als een manier om problemen op te lossen.

Vind logische workflows

Maak een workflowproceskaart die de rollen laat zien die elk teamlid op zich neemt om een project te voltooien. U kunt meer van elke persoon verwachten als u begrijpt wat hun specifieke verantwoordelijkheden zijn en hoe zij zich verhouden tot het project als geheel. U kunt het ook gebruiken om een realistisch schema te maken dat werknemers kunnen volgen. Het managen van mensen zonder het projectproces te begrijpen, kan leiden tot verwarring en vertragingen, waardoor u niet snel de hoofdoorzaak van problemen kunt identificeren wanneer ze zich voordoen.

Tolerant personeelsbeleid.

Medewerkers krijgen begeleiding en ondersteuning van het management, maar zijn vrij om hun eigen acties te kiezen, inclusief het monitoren van resultaten.

Wanneer er meer "juiste antwoorden" zijn en medewerkers competent zijn en in staat zijn om tot een positieve conclusie te komen in een bepaalde context of organisatie, is deze aanpak vaak gunstiger voor het personeel en kan het leiden tot betere resultaten.

Huur de juiste mensen in

Het succes van een organisatie hangt af van het selecteren van de juiste mensen. Het nemen van de verkeerde beslissing bij het inhuren van iemand kan tijd en moeite verspillen die bespaard hadden kunnen worden als u de eerste keer de juiste beslissing had genomen.

Maar hoe weet je of iemand capabel is? De beste manier om de perfecte kandidaat te vinden, is door een interview te houden met zowel technische als niet-technische vragen over uw achtergrond, doelen en overtuigingen, evenals vragen over uw bedrijf of branche . Dit kan je helpen bepalen of ze een goede aanvulling zijn op je team.

Hoewel er geen geheimen zijn voor het vinden van de juiste kandidaat, was ik in staat om het gedrag te identificeren dat nodig is voor de functie, kandidaten te interviewen over dat gedrag en teamleden te betrekken die nauw samenwerken met de nieuwe medewerker, zelfs als ze niet rechtstreeks in mijn team zitten, bij het sollicitatieproces.

Onthoud deze tip: neem langzaam aan en ontsla snel. Als u een slechte aanwervingsbeslissing neemt, probeer er dan snel vanaf te komen om de perfecte kandidaat te vinden die uw team- en bedrijfsdoelen ondersteunt.

Laat het individu zijn fout corrigeren.

U hoeft een werknemer niet te kleineren om uw "vriendelijkheid" te bewijzen. Het is beter om deze persoon persoonlijk te schrijven en op zijn fout te wijzen. Praat over de oplossing en laat ze het zelf oplossen.

Mensen laten genezen, elimineert de noodzaak om ze publiekelijk te vernederen. Op de lange termijn zal dit uw werk aanzienlijk verbeteren.

bescherm je volk

Ze moeten fungeren als bufferschild. Niemand zou zonder uw toestemming de acties van uw computer moeten kunnen controleren. Sta anderen toe om u te bekritiseren als ze dat willen en u zult leren wat er in uw bedrijf moet gebeuren.

Het geeft hoop om uw medewerkers te ontmoeten.

U moet in ieder geval de namen van uw werknemers kennen. Dit geldt ongeacht de grootte van uw bedrijf. Je moet ook op de hoogte zijn van zijn hobby's en interesses buiten het werk. Het is belangrijk om uw werknemers te leren kennen, omdat u zo beter begrijpt hoe zij hun werk doen. Door ervoor te zorgen dat uw zorgniveau acceptabel is, kunnen uw werknemers zich ook gewaardeerd voelen.

Besteed extra aandacht aan uw medewerkers.

De vorige regel wordt gevolgd door deze. U zult elke werknemer als een individu kunnen behandelen als u ze eenmaal leert kennen. De strategie die u gebruikt, moet gebaseerd zijn op de verschillende vaardigheden, voorkeuren en ontwikkelingsbehoeften van uw medewerkers. Om mensen effectief te leiden, moet u zich richten op elke persoon als individu en uw strategie afstemmen op hun behoeften.

Maak er de norm van om continue feedback te krijgen.
Hoewel dit een geschenk is, zijn opmerkingen niet de enige verantwoordelijkheid van de afzender. Het is de verantwoordelijkheid van het management om een sfeer van vertrouwen te creëren waarin medewerkers vrijelijk hun zorgen kunnen uiten.

Hoe meer ruimte je geeft, hoe beter, zegt Trevor Sutlej, hoofd bedrijfsverkoop bij Jabot: "Het is erg moeilijk om open en directe feedback te geven." Hoe meer je zo'n open feedbacksysteem kunt krijgen, hoe comfortabeler je je zult voelen.

Elke week vraagt ze tijdens haar één-op-één-gesprekken om

specifieke feedback, een gewoonte die ze toeschrijft aan haar partner, die al zes jaar corporate recruiter is. Hij zei: " Het zouden gewoon open discussies moeten zijn, heen en weer. Ik vraag het altijd mondeling als ze niet besluiten over de netwerkupgrade."

Wees niet bang om eerlijke feedback te geven. Dit zal uw team helpen wederzijdse feedbackvaardigheden te ontwikkelen en een positievere werksfeer te creëren dan wanneer de problemen onder controle zijn. Volgens Moon is het stellen van effectieve vragen de sleutel tot het krijgen van bruikbare en bruikbare feedback van een nieuw team.

Omdat het zo open is, is de vraag "Denk je dat ik een goede manager ben?" geen reactie heeft, is volgens Moon niet iemand die een doordachte reactie uitlokt. Vraag in plaats daarvan om feedback over meer specifieke elementen van uw leiderschapsstijl, zoals: hoe u bijvoorbeeld met anderen omgaat of informatie verstrekt, hoe u discussies of vergaderingen voert en of u anderen kansen geeft om zich uitgedaagd en geïnspireerd te voelen.

Maak duidelijke doelen.

Stel doelen, individueel en als team, om uw managementinspanningen te sturen. Het stellen van doelen aan het begin van een project geeft je richting als leider en stelt iedereen in staat om aandacht te besteden aan de impact van hun acties op het succes van een project of initiatief. Schrijf elk doel op, zodat u een record hebt om naar te verwijzen bij het evalueren van de projectvoortgang over alle mijlpalen heen. Bespreek met je groep welke acties elk teamlid zou moeten ondernemen om hun doelen te bereiken, en geef iedereen de kans om vragen te stellen en aanbevelingen te doen over hoe ze de doelen van hun team kunnen bereiken.

Corrigeer slechte prestaties onmiddellijk

Als het gaat om het managen van slecht presterende medewerkers, is tijd van essentieel belang. Stel werknemers onmiddellijk op de hoogte van slechte prestaties.

Wanneer u, de manager, erachter komt, is de kans groter dat andere mensen worden getroffen en, in het ergste geval, het welzijn van sommige werknemers in gevaar komt. Prestatieproblemen kunnen escaleren als ze niet onmiddellijk worden aangepakt, en een slecht presterende medewerker kan giftig worden en zijn team en de hele organisatie besmetten.

Voorbeelden van slechte prestaties van werknemers zijn werknemers die consequent deadlines missen of zich misdragen, zich storend of vijandig gedragen, of een gebrek aan inzet of motivatie hebben.

Wees eerlijk en bespreek de toekomst.

Wees te allen tijde eerlijk. Vertel ze de waarheid wanneer het project geen geld meer heeft en op het punt staat te worden stopgezet.

Confronteer mensen niet met feiten als je van plan bent iets te veranderen; Laat het in plaats daarvan iedereen van tevoren weten.

Wees niet stil als het bedrijf inkrimpingsplannen heeft. Het is beter achteraf toe te geven dat plannen niet zijn gelukt, dan mensen bij voorbaat de schuld te geven. Laat hen ook weten of het bedrijf van plan is om ieders salaris te verhogen. Vergroot de hechting terwijl u het vertrouwen bevordert. Om nog maar te zwijgen, open leiderschapsteams hebben vaak een superieure cultuur.

Medewerkers moeten op de hoogte zijn van wat er in het bedrijf gebeurt en het liefst zelf.

Alle teamleden moeten eerlijk betaald worden.

Het is niet altijd mogelijk om werknemers het hoogst beschikbare loon te betalen. Er zal altijd een bedrijf zijn dat meer loon biedt en een werknemer die meer verdient. Als werknemers echter voldoende waarde voor u en uw bedrijf willen voelen, moeten ze erkennen dat hun vergoeding eerlijk is voor uw bedrijf.

Ik gebruik de volgende benadering om te bepalen of de lonen al dan niet eerlijk zijn: Stel je de dag voor dat het bedrijf alle lonen openbaar maakt. Zal ik me schamen in het bijzijn van een teamgenoot? Dan moet uw salaris wel toereikend zijn, want het is niet hoog genoeg.

Zo werken hoge lonen. Is het echt een goed idee als iemand veel meer verdient dan teamleden denken? En als het wachtwoord?

Eis totale schuld op.
Als manager ben je verantwoordelijk voor alles wat er gebeurt. Pas als je de volledige verantwoordelijkheid neemt voor de fout, kun je intern bepalen wat er in het team moet gebeuren.

Wie er echt ongelijk heeft, doet er misschien niet toe voor buitenstaanders, maar insiders moeten zich veilig en verzorgd voelen. Het team moet het gevoel hebben dat zelfs als de persoon die de fout heeft gemaakt uiteindelijk wordt ontslagen, dit niet onder dwang gebeurde, maar na zorgvuldige overweging en interne redenering.

respect voor grenzen

Bemoei u niet met de persoonlijke tijd of ruimte van uw werknemers. Promoot geen agressieve teambuildingactiviteiten. Zelfs zonder uw "let's go today" zouden mensen nog steeds met elkaar willen communiceren buiten de werkplek.

Vakantietijd wordt vereerd. Als iemand tijdens de vakantie regelmatig moet worden gebeld, is er iets mis.

Blijf verbonden, zelfs nadat de werknemer is vertrokken

Misschien start u een nieuw bedrijf of komt er een opening. Ook als iemand niet meer voor je werkt, moet de communicatie doorgaan; in sommige gevallen kan het zelfs toenemen. Probeer contact met ze te houden, want misschien heb je ze in de toekomst nodig.

Neem regelmatig contact met ze op om te zien hoe het met ze gaat en of ze terug willen komen. Iemand kan zich schamen om je te vragen om terug te keren, omdat ze niet blij zijn met hun nieuwe baan.

<u>VEEL PLEZIER MET LEZEN</u>

www.ingramcontent.com/pod-product-compliance
Lightning Source LLC
Chambersburg PA
CBHW071004260726
48661CB00007B/2777